Europäische Kommission

Delegierte Verordnung (EU) Nr. 114/2013 der Kommission vom 6. November 2012

mit ergänzenden Vorschriften zur Verordnung (EU) Nr. 510/2011 des Europäischen Parlaments und des Rates in Bezug auf die Gewährung einer Ausnahme von den spezifischen CO 2 [...]

AP

Antiphon Verlag

Europäische Kommission

Delegierte Verordnung (EU) Nr. 114/2013 der Kommission vom 6. November 2012

mit ergänzenden Vorschriften zur Verordnung (EU) Nr. 510/2011 des Europäischen Parlaments und des Rates in Bezug auf die Gewährung einer Ausnahme von den spezifischen CO 2 [...]

1. Auflage 2026 | ISBN: 978-3-38798-675-4

Antiphon Verlag ist ein Imprint der Antiquum Novum Verlag.

Verlag: Antiquum Novum Verlag UG (haftungsbeschränkt), Im Erlengrund 6a, 35510 Butzbach, Deutschland, info@antiquum-novum.de
Vertretungsberechtigt: E. Roepke, Zeilweg 44, 60439 Frankfurt, Deutschland
Druck: Libri Plureos GmbH, Friedensallee 273, 22763 Hamburg, Deutschland

II

(Rechtsakte ohne Gesetzescharakter)

VERORDNUNGEN

DELEGIERTE VERORDNUNG (EU) Nr. 114/2013 DER KOMMISSION

vom 6. November 2012

mit ergänzenden Vorschriften zur Verordnung (EU) Nr. 510/2011 des Europäischen Parlaments und des Rates in Bezug auf die Gewährung einer Ausnahme von den spezifischen CO_2-Emissionszielen für neue leichte Nutzfahrzeuge

(Text von Bedeutung für den EWR)

DIE EUROPÄISCHE KOMMISSION —

gestützt auf den Vertrag über die Arbeitsweise der Europäischen Union,

gestützt auf die Verordnung (EU) Nr. 510/2011 des Europäischen Parlaments und des Rates vom 11. Mai 2011 zur Festsetzung von Emissionsnormen für neue leichte Nutzfahrzeuge im Rahmen des Gesamtkonzepts der Union zur Verringerung der CO_2-Emissionen von Personenkraftwagen und leichten Nutzfahrzeugen [1], insbesondere auf Artikel 11 Absatz 7,

in Erwägung nachstehender Gründe:

(1) Gemäß Artikel 11 der Verordnung (EU) Nr. 510/2011 können Hersteller kleiner Stückzahlen (nachstehend „Antragsteller" genannt) alternative Emissionsreduktionsziele beantragen, die mit dem Reduktionspotenzial, einschließlich des wirtschaftlichen und technologischen Potenzials zur Reduktion ihrer spezifischen CO_2-Emissionen, im Einklang stehen, wobei die Besonderheiten des Marktes für den betreffenden Typ leichter Nutzfahrzeuge berücksichtigt werden.

(2) Zur Feststellung des Reduktionspotenzials eines Antragstellers sollte sein wirtschaftliches und technologisches Potenzial geprüft werden. Zu diesem Zweck sollte der Antragsteller genaue Informationen zu seinen wirtschaftlichen Tätigkeiten sowie zu den in den leichten Nutzfahrzeugen eingesetzten CO_2-reduzierenden Technologien vorlegen. Diese Informationen betreffen unter anderem Daten, die dem Antragsteller vorliegen, und sollten keinen zusätzlichen Verwaltungsaufwand erfordern.

(3) Um den Antragstellern einen eindeutigen Referenzwert für die Festsetzung spezifischer Emissionsziele an die Hand zu geben, empfiehlt es sich, die neuesten verfügbaren Daten zu den durchschnittlichen spezifischen CO_2-Emissionen im Jahr 2010 heranzuziehen. Falls diese Daten nicht vorliegen, sollte das Ziel an den Daten zu den durchschnittlichen spezifischen CO_2-Emissionen des ersten Kalenderjahres nach 2010 gemessen werden, für das solche Daten vorliegen.

(4) Um die Antragstellung zu erleichtern, sollte eine Liste von Herstellern mit ihren durchschnittlichen spezifischen CO_2-Emissionen in der Union im Jahr 2010 bereitgestellt werden. Diese Liste wurde nach förmlicher Anhörung der Mitgliedstaaten und der wichtigsten Akteure am 9. Juli 2012 in der Sachverständigengruppe zur Konzeption und Umsetzung politischer Maßnahmen in Bezug auf die CO_2-Emissionen von Straßenfahrzeugen aufgestellt.

(5) Um dem begrenzten Produktangebot einiger Antragsteller und den sich daraus ergebenden begrenzten Möglichkeiten, den Aufwand zur Reduktion der durchschnittlichen spezifischen CO_2-Emissionen auf die Fahrzeugflotte aufzuteilen, Rechnung zu tragen, sollte den Antragstellern gestattet werden, zwischen einem für den gesamten Ausnahmezeitraum einheitlichen Jahresziel für die Reduktion der spezifischen Emissionen oder unterschiedlichen Jahreszielen zu wählen, um bis Ende des Ausnahmezeitraums eine Reduktion gegenüber dem Referenzwert von 2010 zu erreichen.

(6) In Einklang mit der in Artikel 4 Absatz 2 der Verordnung (EG) Nr. 1049/2001 des Europäischen Parlaments und des Rates vom 30. Mai 2001 über den Zugang der Öffentlichkeit zu Dokumenten des Europäischen Parlaments, des Rates und der Kommission [2] vorgesehenen Ausnahme vom Recht auf Zugang der Öffentlichkeit zu Dokumenten sollten bestimmte Informationen im Ausnahmeantrag nicht veröffentlicht werden, wenn die Offenlegung dieser Informationen, vor allem von Informationen über die Produktplanung des betreffenden Antragstellers, über Kostenschätzungen und über die Auswirkungen auf die Rentabilität des Unternehmens, geschäftliche Interessen beeinträchtigen würde. Die Entscheidungen über die Gewährung von Ausnahmen werden von der Kommission im Internet veröffentlicht —

[1] ABl. L 145 vom 31.5.2011, S. 1.

[2] ABl. L 145 vom 31.5.2001, S. 43.

HAT FOLGENDE VERORDNUNG ERLASSEN:

Artikel 1

Gegenstand

Mit dieser Verordnung wird festgelegt, welche Informationen Antragsteller vorlegen müssen, um nachzuweisen, dass die Bedingungen für eine Ausnahme gemäß Artikel 11 Absatz 1 der Verordnung (EU) Nr. 510/2011 erfüllt sind.

Artikel 2

Begriffsbestimmungen

Über die Begriffsbestimmungen in den Artikeln 2 und 3 der Verordnung (EU) Nr. 510/2011 hinaus bezeichnet im Sinne dieser Verordnung der Ausdruck

(1) „Antragsteller": einen Hersteller im Sinne von Artikel 11 Absatz 1 der Verordnung (EU) Nr. 510/2011;

(2) „Fahrzeugmerkmale": die Besonderheiten des Fahrzeugs, einschließlich Masse, spezifische CO_2-Emissionen, Anzahl Sitze, Motorleistung, Verhältnis Leistung/Masse und Höchstgeschwindigkeit;

(3) „Besonderheiten des Marktes": Informationen über die Fahrzeugmerkmale sowie Namen und Preisspannen von leichten Nutzfahrzeugen, die zu den Fahrzeugen, für die eine Ausnahme beantragt wird, in direktem Wettbewerb stehen;

(4) „eigene Produktionsanlage": eine Herstellungs- oder Fertigungsanlage, die nur vom Antragsteller zum Zwecke der Herstellung oder Fertigung neuer leichter Nutzfahrzeuge und ausschließlich für diesen Antragsteller genutzt wird, gegebenenfalls auch zur Herstellung oder Fertigung von leichten Nutzfahrzeugen, die zur Ausfuhr bestimmt sind;

(5) „eigenes Konstruktionszentrum": eine Anlage, in der das gesamte Fahrzeug konzipiert und entwickelt wird und die der exklusiven Nutzung durch den Antragsteller vorbehalten ist und unter seiner Kontrolle steht.

Artikel 3

Antrag auf Ausnahme gemäß Artikel 11 Absatz 1 der Verordnung (EU) Nr. 510/2011

Der Antragsteller übermittelt seinen Antrag auf Ausnahme gemäß Artikel 11 Absatz 1 der Verordnung (EU) Nr. 510/2011, der die Informationen gemäß Artikel 4 und Artikel 5 der vorliegenden Verordnung enthalten muss, in dem Format gemäß Anhang I der vorliegenden Verordnung.

Artikel 4

Angaben zu den Voraussetzungen für die Gewährung der Ausnahme

Der Antragsteller macht folgende Angaben, um nachzuweisen, dass er die Voraussetzungen für die Gewährung der Ausnahme erfüllt:

a) Informationen über die Eigentumsstruktur des Herstellers oder der Gruppe verbundener Hersteller sowie die entsprechende Erklärung gemäß Anhang II;

b) Zahl der leichten Nutzfahrzeuge, für die der Antragsteller verantwortlich ist und die in der Europäischen Union in den drei Kalenderjahren vor dem Datum der Antragstellung offiziell neu zugelassen wurden, oder, falls diese Daten nicht vorliegen, eine der folgenden Angaben:

i) eine auf überprüfbaren Daten basierende Schätzung der Zahl der leichten Nutzfahrzeuge, die in dem unter Buchstabe b genannten Zeitraum zugelassen wurden und für die der Antragsteller verantwortlich ist;

ii) wurden in dem unter Buchstabe b genannten Zeitraum keine leichten Nutzfahrzeuge zugelassen, die Zahl der leichten Nutzfahrzeuge, die im letzten Kalenderjahr, für das solche Daten vorliegen, neu zugelassen wurden.

Artikel 5

Spezifisches Emissionsziel und Reduktionspotenzial gemäß Artikel 11 Absatz 2 der Verordnung (EU) Nr. 510/2011

(1) Der Antragsteller teilt die durchschnittlichen spezifischen CO_2-Emissionen seiner im Jahr 2010 neu zugelassenen leichten Nutzfahrzeuge mit, es sei denn, die durchschnittlichen spezifischen CO_2-Emissionen für das genannte Jahr sind in Anhang III aufgeführt. Liegen diese Informationen nicht vor, so teilt der Antragsteller die durchschnittlichen spezifischen CO_2-Emissionen seiner leichten Nutzfahrzeuge mit, die in dem ersten Kalenderjahr nach 2010, für das solche Informationen vorliegen, neu zugelassen wurden.

(2) Der Antragsteller teilt zu seinen Tätigkeiten Folgendes mit:

a) für das Kalenderjahr vor dem Datum der Antragstellung: die Zahl der in der Produktionsanlage beschäftigten Personen und die Größe der Anlage in Quadratmetern;

b) das Betriebsmodell der Produktionsanlage mit genaueren Angaben zu den Konzeptions- und Produktionstätigkeiten, die vom Antragsteller selbst durchgeführt oder nach außen vergeben werden;

c) im Falle eines Unternehmensverbundes: ob die verbundenen Hersteller die Technologie gemeinsam nutzen und welche Tätigkeiten nach außen vergeben werden;

d) für die fünf Kalenderjahre vor dem Datum der Antragstellung: Verkaufsvolumen, Jahresumsatz, Nettogewinn, Ausgaben für FuE auf dem Gebiet CO_2-reduzierende Technologien und — im Falle eines Unternehmensverbundes — Nettotransfers an das Mutterunternehmen;

e) die Besonderheiten des Marktes;

f) die in dem Kalenderjahr vor dem Datum der Antragstellung geltende Preisliste für alle Modelle der leichten Nutzfahrzeuge, die unter die Ausnahmeregelung fallen sollen, und die voraussichtliche Preisliste für die leichten Nutzfahrzeuge, die neu auf den Markt gebracht und für die Ausnahmen gewährt werden sollen.

Die Angaben gemäß Buchstabe d werden von den amtlich beglaubigten Jahresabschlüssen begleitet oder von einem unabhängigen Buchprüfer beglaubigt.

(3) Der Antragsteller teilt zu seinem technologischen Potenzial zur Reduktion seiner spezifischen CO_2-Emissionen Folgendes mit:

a) die Liste der CO_2-reduzierenden Technologien, die in seinen 2010 auf den Markt gebrachten leichten Nutzfahrzeugen eingesetzt wurden, oder, falls diese Daten nicht vorliegen, die entsprechende Liste für das erste Jahr nach 2010, für das solche Daten vorliegen, oder — im Falle von Herstellern, die neu auf den Markt kommen wollen, — die entsprechende Liste für das erste Anwendungsjahr der Ausnahmeregelung;

b) die Liste der CO_2-reduzierenden Technologien, die in seinen unter das Programm zur Reduktion der spezifischen CO_2-Emissionen fallenden leichten Nutzfahrzeugen eingesetzt wurden, sowie die zusätzlichen Kosten dieser Technologien für jedes Fahrzeugmodell, für das die Ausnahme beantragt wird.

(4) Der Antragsteller schlägt in Einklang mit seinem Reduktionspotenzial eines der folgenden Ziele vor:

a) ein spezifisches Emissionsziel, das gewährleistet, dass die durchschnittlichen spezifischen CO_2-Emissionen am Ende des Ausnahmezeitraums gemessen an den durchschnittlichen spezifischen CO_2-Emissionen gemäß Absatz 1 geringer sind; oder

b) ein jährliches spezifisches Emissionsziel für jedes Jahr des Ausnahmezeitraums, das so festgelegt wird, dass die durchschnittlichen spezifischen CO_2-Emissionen während des gesamten Ausnahmezeitraums gemessen an den durchschnittlichen spezifischen CO_2-Emissionen gemäß Absatz 1 geringer sind.

(5) Das spezifische Emissionsziel bzw. die jährlichen spezifischen Emissionsziele, die der Antragsteller vorgeschlagen hat, müssen mit einem Programm zur Reduktion der spezifischen CO_2-Emissionen der neuen Fahrzeugflotte einhergehen.

Aus dem Programm zur Reduktion der spezifischen CO_2-Emissionen muss Folgendes hervorgehen:

a) der Zeitplan für die Einführung CO_2-reduzierender Technologien in die Fahrzeugflotte des Antragstellers;

b) die geschätzten Neuzulassungen leichter Nutzfahrzeuge in der EU für jedes Jahr des Ausnahmezeitraums sowie die voraussichtlichen durchschnittlichen spezifischen CO_2-Emissionen und die durchschnittliche Fahrzeugmasse;

c) im Falle jährlicher spezifischer Emissionsziele: die jährliche Verringerung der spezifischen CO_2-Emissionen der Fahrzeugmodelle, für die CO_2-reduzierende Technologien eingeführt werden.

(6) Die Zielerfüllung (spezifisches Emissionsziel oder jährliche spezifische Emissionsziele) durch den Antragsteller wird in jedem Jahr des Ausnahmezeitraums gemäß Artikel 9 der Verordnung (EU) Nr. 510/2011 geprüft.

Artikel 6

Prüfung durch die Kommission

(1) Soweit die Kommission innerhalb von neun Monaten nach dem formellen Eingang eines vollständigen Antrags gemäß Artikel 11 Absatz 1 der Verordnung (EU) Nr. 510/2011 keine Einwände erhebt, gelten die Bedingungen für die Beantragung der Ausnahme als erfüllt.

Stellt die Kommission fest, dass der Antrag unvollständig ist, so können zusätzliche Informationen angefordert werden. Werden die zusätzlichen Informationen nicht innerhalb der in der Anforderung angegebenen Frist nachgereicht, so kann die Kommission den Antrag ablehnen.

Wird ein Antrag wegen Unvollständigkeit oder weil die Kommission festgestellt hat, dass das vorgeschlagene spezifische Emissionsziel dem Reduktionspotenzial des Antragstellers nicht entspricht, abgelehnt, so kann der Antragsteller den vervollständigten bzw. überarbeiteten Antrag nachreichen.

(2) Die Anträge sind in gedruckter und elektronischer Form einzureichen. Die gedruckte Fassung ist mit dem Vermerk „Ausnahme gemäß der Verordnung (EU) Nr. 510/2011" beim Generalsekretariat der Europäischen Kommission, 1049 Brüssel, BELGIEN, einzureichen Die elektronische Fassung ist an das in Anhang I genannte E-Mail-Postfach zu senden.

(3) Erweisen sich Angaben im Antrag als falsch oder ungenau, so wird die Entscheidung über die Gewährung einer Ausnahme widerrufen.

Artikel 7

Veröffentlichung von Informationen

(1) Ist ein Antragsteller der Auffassung, dass Informationen in seinem Antrag gemäß Artikel 11 Absatz 8 der Verordnung (EU) Nr. 510/2011 nicht offengelegt werden sollten, so gibt er dies in seinem Antrag an, wobei zu begründen ist, warum die Offenlegung den Schutz der geschäftlichen Interessen des Antragstellers, einschließlich des geistiges Eigentums, beeinträchtigen würde.

(2) Es wird davon ausgegangen, dass die in Artikel 4 Absatz 2 der Verordnung (EG) Nr. 1049/2001 vorgesehene Ausnahme vom Recht auf Zugang der Öffentlichkeit zu Dokumenten auf die folgenden Arten von Informationen Anwendung findet:

a) Einzelheiten des Programms zur Reduktion der spezifischen CO_2-Emissionen gemäß Artikel 5 und insbesondere Einzelheiten betreffend die Entwicklung der Produktpalette des Herstellers;

b) die voraussichtlichen Auswirkungen der CO_2-reduzierenden Technologien auf die Produktionskosten, den Kaufpreis der Fahrzeuge und die Rentabilität des Unternehmens.

Artikel 8

Diese Verordnung tritt am zwanzigsten Tag nach ihrer Veröffentlichung im *Amtsblatt der Europäischen Union* in Kraft.

Diese Verordnung ist in allen ihren Teilen verbindlich und gilt unmittelbar in jedem Mitgliedstaat.

Brüssel, den 6. November 2012

Für die Kommission
Der Präsident
José Manuel BARROSO

ANHANG I

Standardformat für Ausnahmeanträge von Herstellern von leichten Nutzfahrzeugen, die die Kriterien gemäß Artikel 11 Absatz 1 der Verordnung (EU) Nr. 510/2011 erfüllen

Die elektronische Fassung des Antrags ist an die folgende E-Mail-Anschrift zu senden:

EC-CO2-LDV-IMPLEMENTATION@ec.europa.eu

1. **Name, Anschrift und Kontaktperson des Herstellers oder der Gruppe verbundener Hersteller**

Name des Herstellers	Postanschrift	Name der Kontaktperson	E-Mail-Anschrift der Kontaktperson	Telefonnummer der Kontaktperson

2. **Name, Anschrift und Kontaktperson des Vertreters des Herstellers in der EU (nur, wenn der Hersteller ausserhalb der EU niedergelassen ist)**

Name des Vertreters des Herstellers in der EU	Postanschrift	Name der Kontaktperson	E-Mail-Anschrift der Kontaktperson	Telefonnummer der Kontaktperson

3. **Kriterien für die Gewährung der Ausnahme**

3.1. *Ist der Antragsteller Mitglied einer Gruppe verbundener Hersteller?*

☐ JA (in diesem Falle ist die Erklärung gemäß Anhang II beizufügen)

☐ NEIN

3.2. *Ist der Antragsteller Mitglied einer Gruppe verbundener Hersteller, jedoch mit eigenen Produktionsanlagen und eigenem Konstruktionszentrum?*

☐ JA (in diesem Falle ist die Erklärung gemäß Anhang II beizufügen, siehe Ziffer 3.3)

☐ NEIN (siehe Ziffern 3.4 und 3.5)

3.3. *Zahl der Neuzulassungen leichter Nutzfahrzeuge in der EU, falls der Antrag einen Hersteller, der nicht Mitglied einer Gruppe verbundener Hersteller ist, oder einen Hersteller betrifft, der zwar Mitglied einer Gruppe verbundener Hersteller ist, jedoch über eigene Produktionsanlagen und ein eigenes Konstruktionszentrum verfügt*

3.3.1. Amtliche Zahlenangaben für die drei Kalenderjahre vor dem Datum der Antragstellung

Jahr			
Zahl der EU-Neuzulassungen			

3.3.2. Soweit keine amtlichen Zahlenangaben gemäß Ziffer 3.3.1 für den betreffenden Zeitraum vorliegen: eine Schätzung auf Basis überprüfbarer Daten

Jahr			
Zahl der EU-Neuzulassungen			

3.3.3. Soweit keine Zahlenangaben gemäß den Ziffern 3.3.1 und 3.3.2 für den betreffenden Zeitraum vorliegen: die Zahlenangaben für das letzte Kalenderjahr, für das derartige Daten vorliegen

Jahr			
Zahl der EU-Neuzulassungen			

3.4. *Soweit der Antrag eine Gruppe verbundener Hersteller betrifft, bitte Folgendes angeben*

Namen der Hersteller	Postanschrift	Name der Kontaktperson	E-Mail-Anschrift der Kontaktperson	Telefonnummer der Kontaktperson

3.5. *Zahl der Neuzulassungen leichter Nutzfahrzeuge einer Gruppe verbundener Hersteller in der EU, falls der Antrag eine Gruppe verbundener Hersteller betrifft und der Antragsteller nicht über eigene Produktionsanlagen und ein eigenes Konstruktionszentrum verfügt*

3.5.1. Amtliche Zahlenangaben für die drei Kalenderjahre vor dem Datum der Antragstellung

Jahr			
Zahl der EU-Neuzulassungen			

3.5.2. Soweit keine amtlichen Zahlenangaben gemäß Ziffer 3.5.1 für den betreffenden Zeitraum vorliegen: eine Schätzung auf Basis überprüfbarer Daten

Jahr			
Zahl der EU-Neuzulassungen			

3.5.3. Soweit keine Zahlenangaben gemäß den Ziffern 3.5.1 und 3.5.2 für den betreffenden Zeitraum vorliegen: die Zahlenangaben für das letzte Kalenderjahr, für das derartige Daten vorliegen

Jahr			
Zahl der EU-Neuzulassungen			

4. **Beantragte Dauer der Ausnahme**

Anzahl Kalenderjahre (maximal 5 Jahre)			

5. **Vorschlag für ein spezifisches Emissionsziel, berechnet als Flottendurchschnitt für den Ausnahmezeitraum, oder für separate spezifische Emissionsziele bei jährlichehn Reduktionen (in g CO_2/km)**

Jahr					
Durchschnittliches spezifisches Emissionsziel (g CO_2/km)					

6. **Angaben zum Unternehmen**

6.1. *Durchschnittliche spezifische CO_2-Emissionen im Jahr 2010, soweit in Anhang III nicht aufgeführt (oder, falls diese Daten nicht vorliegen, die durchschnittlichen spezifischen CO_2-Emissionen für das erste Kalenderjahr nach 2010, für das solche Daten vorliegen)*

6.2. *Zahl der Beschäftigten in dem Kalenderjahr vor dem Datum der Antragstellung*

6.3. *Größe der Produktionsanlage (in m^2) in dem Kalenderjahr vor der Antragstellung*

6.4. *Verkaufsvolumen in den fünf Jahren vor dem Datum der Antragstellung*

Jahr					
Verkaufsvolumen					

6.5. *Jahresumsatz in den fünf Jahren vor dem Datum der Antragstellung*

Jahr					
Umsatz					

6.6. *Besonderheiten des Marktes*

Informationen über geplante Produkte, die zum Zeitpunkt der Antragstellung noch nicht auf dem Markt sind, sind im vertraulichen Teil dieses Antrags anzugeben:

a) die Fahrzeugmerkmale;

b) Namen und Preisspannen von Fahrzeugen, die im Jahr vor dem Datum der Antragstellung in unmittelbarem Wettbewerb zueinander standen;

c) die Preisliste für Fahrzeuge, für die eine Ausnahme gewährt werden soll, für das Kalenderjahr vor dem Datum der Antragstellung oder für das Kalenderjahr, für das nach dem Datum der Antragstellung als erstes eine Preisliste vorliegt.

6.7. *Kurze Beschreibung des Betriebsmodells der Produktionsanlage.*

VERTRAULICHER TEIL DES ANTRAGS

6.8. *Nettogewinn in den fünf Jahren vor dem Datum der Antragstellung*

Jahr					
Nettogewinn					

6.9. *Ausgaben für FuE auf dem Gebiet CO_2-reduzierender Technologien in den fünf Jahren vor dem Datum der Antragstellung*

Jahr					
FuE-Ausgaben					

6.10. *Nettofinanztransfers an das Mutterunternehmen (im Falle eines Unternehmensverbundes) in den fünf Jahren vor dem Datum der Antragstellung*

Jahr					
Nettotransfers					

7. **Einzelheiten zu leichten Nutzfahrzeugen, die in der EU auf den Markt gebracht werden sollen und für die der Antragsteller verantwortlich sein wird**

7.1. *Besonderheiten des Marktes*

7.1.1. *Fahrzeugmerkmale;*

7.1.2. *Namen und Preisspannen von Fahrzeugen, die in dem Jahr vor dem Datum der Antragstellung in unmittelbarem Wettbewerb zueinander standen;*

7.1.3. voraussichtliche Preisliste für Fahrzeuge, für die eine Ausnahme gewährt werden soll.

8. **Technologisches Potenzial des Antragstellers zur Reduktion seiner spezifischen CO_2-Emissionen**

8.1. *Liste CO_2-reduzierender Technologien, die 2010 in der Fahrzeugflotte des Antragstellers eingesetzt wurden;*

8.2. *soweit keine Liste gemäß Ziffer 8.1 existiert: die Liste für das erste Jahr nach 2010, für das eine Liste vorliegt;*

8.3. *im Falle von Antragstellern, die planen, ihre Fahrzeuge auf den EU-Markt zu bringen: die Liste gemäß Ziffer 8.1 für das erste Anwendungsjahr der Ausnahmeregelung.*

9. **Programm des Antragstellers zur Reduktion des spezifischen CO_2-Emissionen**

9.1. *Zeitplan für den Einsatz CO_2-reduzierender Technologien in der Fahrzeugflotte;*

9.2. *voraussichtlicher Flottendurchschnitt während des Ausnahmezeitraums:*

9.2.1. EU-Neuzulassungen leichter Nutzfahrzeuge pro Jahr des Ausnahmezeitraums

9.2.2. voraussichtliche durchschnittliche Masse der Fahrzeuge, die in der EU auf den Markt gebracht werden sollen, Motorleistung und Angaben zur Antriebskonfiguration

9.2.3. voraussichtliche durchschnittliche spezifische CO_2-Emissionen von Fahrzeugen, die in der EU auf den Markt gebracht werden sollen

9.3. *CO_2-reduzierende Technologien, die im Rahmen des Programms des Antragstellers zur Reduktion der spezifischen CO_2-Emissionen in seiner Fahrzeugflotte eingesetzt werden sollen;*

9.4. *zusätzliche Kosten der im Rahmen des Programms zur Reduktion der spezifischen CO_2-Emissionen einzusetzenden Technologien, nach Fahrzeugmodellen;*

9.5. *im Falle jährlicher Ziele: die jährliche Verringerung der spezifischen CO_2-Emissionen der Fahrzeugmodelle, für die CO_2-reduzierende Technologien eingeführt werden.*

ANHANG II

Standardformat für die Erklärung zur Eigentumsstruktur

Artikel 11 Absatz 1 Buchstabe a der Verordnung (EU) Nr. 510/2011

Der Unterzeichnete bestätigt, gesetzlicher Vertreter von [Name] (der Hersteller) zu sein, der ohne Mitglied einer Gruppe verbundener Hersteller im Sinne von Artikel 3 Absatz 2 der Verordnung (EU) Nr. 510/2011 zu sein, eine Ausnahme gemäß Artikel 11 Absatz 1 der genannten Verordnung beantragt. Nach bestem Wissen erfüllt [Name] (der Hersteller) die Voraussetzungen für die Beantragung einer Ausnahme gemäß Artikel 11 Absatz 1 der Verordnung (EU) Nr. 510/2011 und sind die Informationen im Antrag zutreffend und akkurat.

Unterschrift Datum

Direktor von [der Hersteller]

Artikel 11 Absatz 1 Buchstabe b der Verordnung (EU) Nr. 510/2011

Der Unterzeichnete bestätigt, gesetzlicher Vertreter von [Name] (der Hersteller) zu sein, der Mitglied einer Gruppe verbundener Hersteller im Sinne von Artikel 3 Absatz 2 der Verordnung (EU) Nr. 510/2011 ist und eine Ausnahme gemäß Artikel 11 Absatz 1 der genannten Verordnung beantragt. Nach bestem Wissen erfüllt [Name] (der Hersteller) die Voraussetzungen für die Beantragung einer Ausnahme gemäß Artikel 11 Absatz 1 der Verordnung (EU) Nr. 510/2011 und sind die Informationen im Antrag zutreffend und akkurat.

Unterschrift Datum

Direktor von [der Hersteller]

Artikel 11 Absatz 1 Buchstabe c der Verordnung (EU) Nr. 510/2011

Der Unterzeichnete bestätigt, gesetzlicher Vertreter von [Name] (der Hersteller) zu sein, der Mitglied einer Gruppe verbundener Hersteller im Sinne von Artikel 3 Absatz 2 der Verordnung (EU) Nr. 510/2011 ist, jedoch über eigene Produktionsanlagen und ein eigenes Konstruktionszentrum gemäß Artikel 2 der delegierten Verordnung (EU) Nr. 114/2013 der Kommission verfügt, und eine Ausnahme gemäß Artikel 11 der Verordnung (EU) Nr. 510/2011 beantragt. Nach bestem Wissen erfüllt [Name] (der Hersteller) die Voraussetzungen für die Beantragung einer Ausnahme gemäß Artikel 11 Absatz 1 der Verordnung (EU) Nr. 510/2011 und sind die Informationen im Antrag zutreffend und akkurat.

Unterschrift Datum

Direktor von [der Hersteller]

ANHANG III

Liste der durchschnittlichen spezifischen CO_2-Emissionen in der EU im Jahr 2010, aufgeschlüsselt nach Herstellern

Fabrikmarke	Durchschnittliche Emissionen (g/km)
Citroën	158,96
Dacia	154,13
Fiat	159,99
Ford	202,00
Giotti Victoria	167,59
Great Wall	190,13
Hyundai	219,73
Isuzu	223,86
Iveco	229,05
Jeep	240,17
Kia	193,29
Land Rover	276,93
LDV	234,60
Mazda	247,08
Mercedes	226,29
Mitsubishi	221,87
Mitsubishi Fuso	286,83
Nissan	214,11
Opel	183,30
Peugeot	156,84
Piaggio	135,85
Renault	165,47
Renault Trucks	250,11
Skoda	136,13
Ssangyong	222,72
Tata	223,00
Toyota	215,41
Vauxhall	162,09
Volkswagen	193,43
Volvo	186,40